EDICT DV ROY,

PORTANT NOVVELLE

ATTRIBVTION. DE QVATRE.

deniers pour liure de toutes leuees aux proprietaires des charges de Gardes-sceaux aux Eslections de Normandie, outre leur ancien droict de quatre de-niers, & reglement de quittance aux Receueurs des Tailles desdites Esle-ctious. *Iuillet 1621.*

Verifié en la Cour des Aydes de ladite Prouince, le 24. Ianuier mil six cens vingt-deux.

A PARIS,

Chez FEDERIC MOREL, Imprimeur ordinaire du Roy.

M. DCXXII.

Auec Priuilege de sa Maiesté. (2C)

OVYS PAR LA GRACE
DE DIEV ROY DE
FRANCE ET DE NA-
VARRE, à tous preſens
& aduenir, Salut. Enco-
res que nos predeceſſeurs Roys &
nous ayons faict pour le ſoulagemét
de nos ſubjets pluſieurs Reglements
ſur les droicts des Officiers des Eſlections, & particulierement pour les
droicts de quittances des Receueurs
des Tailles de ce Royaume, Neantmoins les Receueurs des Tailles des
Eſlections de pluſieurs generalitez,
Entre autres de Roüen & Caen ont
touſiours continué de prendre des
Collecteurs deſdites Tailles douze
deniers tournois de chacun payemét
& quittance qu'ils expedient auſdits

A ij

Collecteurs pour chacune nature de deniers & creuë qui s'impofent & leuent fur les Paroiffes depédantes defdites Eflections, combien que par tous les Edicts & Reglemens il ne leur foit attribué qu'vn feul droict de quittance par quartier, à raifon de dix deniers feulement, fondans leur pretexte fur ce que les Collecteurs des Tailles apportent à plufieurs & diuerfes fois au Bureau defdites receptes les deniers d'vn quartier, & non en vn feul payement au temps qu'il eft payable par les Ordonnances, auffi qu'aucuns defdits Receueurs s'ingerent de prendre droict de quittance, pour les droicts du port des mandemens, le tout aux defpens defdits Affeeurs Collecteurs fur les douze denier pour liure qui leur reftent du droict de Collecte, faifans partie des vingt deniers pour liure qui fe font

depuis long temps leuez en ladite
Prouince pour les frais de l'affiete &
collecte des Tailles : Tellement que
par le moyen defdits droicts de quittances qui fe prenent en cefte forte à
la volonté defdits Receueurs, & fans
reigle certaine, La plus grande partie
du droict defdits Collecteurs de douze deniers tournois pour liure, fe có-
fomme à leur totale ruyne : A quoy
defirant remedier pour le bien & fou-
lagement defdits Collecteurs, en forte qu'ils ne puiffent eftre à l'aduenir
affuietis par lefdits Receueurs au
payement defdits droicts de quittances, & ne laiffer iceux Collecteurs o-
bligez à autre defpenfe qu'aux frais
de l'affiete & Collecte des Tailles,
port & voicture de deniers en la re-
cepte, ainfi que les Collecteurs des
Tailles des Paroiffes du reffort des
Cours des Aydes de Paris & Mont-

ferrand, & empeſcher qu'à l'aduenir il n'en ſoit abuſé, Nous auons par noſtre Arreſt du troiſieſme Mars dernier ordõné que les recettes des Tailles des Eſlections du reſſort deſdites generalitez de Roüen & Caën iouyront tous à l'aduenir pour tout droict de quittance de deux ſols ſix deniers par quartier, pour nos deniers du principal de la Taille, Taillon, ſolde du Preuoſt des Mareſchaux & autres creuës iointes & compriſes en la Cõmiſſion dudit principal de la Taille, Et de pareil droict de deux ſols ſix deniers auſſi par quartier pour les deniers de la grande creuë extraordire, & de toutes les creuës iointes & compriſes en la commiſſion de ladite creuë, de ſorte que pour ledit principal de la Taille, Taillon, creuë des garniſons, & toutes autres creuës & leuees y iointes & declarees par nos

Lettres de Commiſſion dudit principal de la Taille & grande creuë extraordinaire, il leur ſera loiſible de
prendre en tout iuſques à cinq ſols
par chacun quartier qui eſt à vingt
ſols par an pour chacune Paroiſſe, &
pour le regard des creües extraordinaires qui ſuruiendront au courant
de l'année, dont l'impoſition ſe fera
par Commiſſion ſeparee, leſdits Receueurs prendront ſeulement l'ancié
droict de quittance de dix deniers
par quartier pour chacune Commiſſion, & faict defenſes de prendre autres droicts en quelque nombre de
payement que leſdits deniers, leur
ſoient deliurez, ny de prendre auſſi
aucun droict de quittance pour les
deniers qui ſe leuent tãt pour le port
des mãdemens des Tailles, que pour
tous autres droicts à peine de concuſſion, & pour ſatisfaire au paye-

ment defdits droicts de quittance,
fans que nos fujets contribuables aux
Tailles , ny lefdits Collecteurs en
foient chargez, Ordonné que diftra-
ction feroit faite à l'aduenir , à commancer du premier iour d'Auril dernier par nos amez & feaux Confeillers , Prefidens & Treforiers generaux de France, de quatre deniers fur
les douze deniers pour liure dont
iouïffent lefdits collecteurs des Tailles pour le droict de collecte, & re-
ftrainct ledit droict, à commancer
dudit premier Auril à huict deniers
pour liure, ainfi que les autres Collecteurs des Tailles des Paroiffes reffor-
tiffantes en nos Cours des Aydes de
Paris & Montferrand, lefquels quatre deniers pour liure feroient par lefdits Collecteurs mis & payez par chacun quartier és mains des Receueurs
de nofdites Tailles, chacun en l'annee

mee de son exercice , sur lesquels lesdits Receueurs des Tailles retiendrôt
par leurs mains ledit droiĉt de quittance, & que le surplus seroit par eux
payé aux Receueurs generaux de nos
finances desdites generalités de Roüé
& Caen pour estre employez selon
qu'il leur seroit ordonné, laquelle distraction auroit esté faiĉte par nos-
dits Tresoriers desdites generalitez
de Roüen & Caen , en laquelle gene-
ralité de Caen lesdits Receueurs de
nosdites Tailles ont esté ouys en leurs
remonstrances : Et ayant depuis re-
cognu n'estre au soulagement desdits Colleĉteurs, ny vtile au bien de
nos affaires, Que lesdits Receueurs
retinssent lesdits droiĉts par leurs
mains, & que lesdits droiĉts payez,
les deniers reuenans bons en feussent
mis en nos receptes generales, Ains
pour plusieurs considerations il nous

eſtoit plus aduantageux d'attribuer dés à preſent leſdits quatre déniers tournois pour liure nouuellement diſtraits aux charges de gardes de nos petis ſceaux auſdites Eſlections, pour les reçeuoir & en ioüir ainſi qu'ils fôt des autres quatre deniers à eux cy deuant attribuez, à la charge de payer ſur leſdits quatre deniers diſtraits en execution de noſtredit Arreſt du troiſieſme Mars dernier leſdits droits de quittance cy aprés declarez. Sçᴀ-ᴠᴏɪʀ ꜰᴀɪꜱᴏɴꜱ qu'ayant mis ce-ſte affaire en deliberation en noſtre-dit Conſeil, où eſtoient aucuns Prin-ces, Officiers de noſtre Couronne, & autres grands & notables perſonna-ges, Nᴏᴠꜱ de leur aduis, & de no-ſtre certaine ſcience, pleine puiſſance & auctorité Royale, Aᴠᴏɴꜱ par noſtre preſent Edict perpetuel & ir-reuocable, ſtatué, dit & ordonné,

ſtatuons, diſons & ordonnons, voulons & nous plaiſt, Que noſdits Receueurs de noſdites Tailles du reſſort
deſdites generalitez de Roüen &
Caen iouïront tous à l'aduenir pour
tout droit de quittance de deux ſols
ſix deniers par quartier pour nos deniers du principal de la Taille, Taillon, ſolde du Preuoſt des Mareſchaux
& autres creuës iointes & compriſe
en la Commiſſion dudit principal de
la Taille, & de pareil droiĉt de deux
ſols ſix deniers auſſi par quartier pour
les deniers de la grande creuë extraordinaire,& de toutes les creuës iointes & compriſes en la Commiſſion de
ladite creüe, de ſorte que pour ledit
principal de la Taille, Taillon, creües
des garniſons,& toutes autres creües
& leuees y iointes & declarees par
nos Lettres de Commiſſion dudit
principal de la Taille & grande creüe

B ij

extraordinaire, il leur fera loifible, &
leur accordons de prendre en tout
iufques à cinq fols par chacun quartier, qui eft vingt fols par an pour
chacune Paroiffe, Et pour le regard
des creuës extraordinaires qui furuié-
dront au courant de l'annee, dont
l'impofition f'en fera par Commiffions feparees dix deniers par quartier pour tout droict de quittance de
chacune Commiffion feparee de
nos Commiffions generales : Fai-
fant defenfes à nofdits Receueurs
de prendre autres droicts en quelque nombre de payement que nofdits deniers ou ceux des leuees particulieres qui interuiendront au courant de l'annee leur foient deliurez,
ny aucun droict de quittance des deniers qui fe leuent tát pour le port des
mandemens de nofdites Tailles &
creuës mentiónees en nofditesCom-

missions generales & particulieres ,
que pour tous autres droiɛts, à peine
de concuſſion. Et à ce que noſditsRe-
ceueurs ſoient payez deſdits droiɛts
de quittance à eux attribuez, ſans que
noſdits Collecteurs de noſdites Tailles en ſoient d'oreſnauant chargez,
Novs auons auſſi attribué , vny &
incorporé, & par cedit noſtre preſent
Ediɛt, attribuons, vniſſons & incor-
porons leſdits quatre deniers pour liure diſtraits en execution de noſtre-
dit Arreſt du troiſieſme Mars dernier
auſdites charges de garde des petits
Sceaux deſdites Eſlectiõs deſdites generalitez de Roüen & Caen, à iceux
d'oreſnauant, & à touſiours prendre
ſur tous les deniers qui ſ'impoſeront
& leueront pour noſdites Tailles ,
Taillon, creuës y iointes, & autres leuees extraordinaires , pour quelque
cauſe & occaſion que ce ſoit, en ver-

tu de nos Lettres patentes & de nos
fucceffeurs. Roys fur nofdits fujets.
contribuables à nofdites Tailles des
Paroiffes des Eflections defdites generalitez, pour leur eftre lefdits quatre deniers d'orefnauant payez par fes
Collecteurs des Tailles de quartier en
quartier, ainfi & en la mefme forme
que lefdits Collecteurs leur payent
les quatre deniers pour liure à eux cy
deuant attribuez par noftre Edict du
mois de May 1618. Et ne iouïront à
l'aduenir lefdits. Collecteurs que de
huict deniers pour liure, ainfi que
font les Collecteurs des Paroiffes defdites Eflectiõs dudit reffort des Cours
des Aydes de Paris & Montferrand,à
la charge de payer par lefdits Gardes
des petits Sceaux, ou autres qui ac-
querront apres leur refus ladite nouuelle attribution, de quatre deniers
pour liure aufdits Receueurs de nos

Tailles, leurdit droict de quittance,
suyuant qu'il est cy deuant declaré. Et
lesquels quatre deniers pour liure,
Nous enioignons aux Officiers de
nos Ellections faire doresnauant as-
seoir & imposer comme ils ont ac-
coustumé : & iceux faire ainsi que dit
est payer par lesdits Collecteurs ausdits Acquereurs. Et afin que nous
puissions tirer promptement le se-
cours que nous esperons de ladite
nouuelle attribution, Nous voulons
que lesdits Gardes Scels desdites Ellections de Normandie desdites generalitez de Roüen & Caen, soient tenus de payer chacun dans vn mois a-
pres la signification qui leur fera faite à leur personne, domicile, commis
ou fermiers dudit droict, és mains du
Tresorier de nos parties Casuelles, les
sommes ausquelles ils seront raison-
nablement taxez en nostredit Con-

feil pour iouyr deladite nouuelle attribution de quatre derfiers pour liure : & à faute de ce faire dans ledit
temps , ils en feront decheus , fans
qu'apres ledit temps d'vn mois expi-
ré ils puiffent eftre receus au payement defdites taxes : Ains voulons &
ordonnons qu'il foit fans autre nouuelle fignification procedé à la reué-
te defdites charges de Garde Scels par
les Commiffaires qui feront par nous
à cefte fin deputez pour iouïr par les
acquereurs defdits Offices de Garde
Scel és Ellections de Normandie ,
leurs fucceffeurs & ayans caufe, hereditairement , tant des anciens gages,
droicts de quatre deniers , reuenus &
efmolumens , priuileges y apparte-
nans & attribuez , & confirmez par
noftredit Edict du mois de May mil
fix cens dix-huict , que defdits quatre
deniers pour liure fur tout ce qui
f'impofe

s'impose & imposera cy apres en vertu de noſdites Lettres, & noſdits ſuc-
ceſſeurs, ſans y pouuoir eſtre troublez
ny empeſchez en quelque ſorte que
ce ſoit, ny leſdits acquereurs leurs
hoirs & ayans cauſe depoſſedez, qu'é
les rembourçant contant à vn ſeul
payement des deniers qu'ils auront
payez pour l'acquiſition deſdites
charges de Garde-Scels, y compris
leſdites attributions, ſuiuant les contracts qui leur en feront faicts & paſ-
ſez par leſdits Commiſſaires, enſem-
ble de leurs frais & loyaux couſts, ſans
neantmoins que les anciens acquereurs deſdits Offices de Garde-Scels
puiſſent eſtre depoſſedez qu'ils ne
ſoient rembourſez des deniers actuellement payez en nos coffres pour
leur acquiſition ou deüe conſigna-
tion d'iceux aux termes de noſdites

C

ordõnnances, en cas de faifie ou autre empefchement procedant de leur
faict, & de leurs frais & loyaux coufts
fuiuant la liquidation qui en fera faicte par lefdits Commiffaires. Si
DONNONS EN MANDEMENT à
nos amez & feaux Confeillers les gens
tenans noftre Cour des Aydes à
Roüen, Prefidét & Treforiers Generaux defdites generalitez de Roüé &
Caen, Que ceftuy noftre presét Edict
ils facent lire, publier & enregiftrer,
& du cõtenu d'iceluy iouïr & vfer les
acquereurs defdites charges, leurs
hoirs, fucceffeurs & ayans caufe, fans
permettre qu'il foit faict, mis ou donné aucun empefchement au contraire, nonobftant oppofitions ou ap-
pellations quelfconques, dont fi au-
cunes interuiennent, Nous auons re-
tenu & retenons à nous & à noftre

dit Conseil la cognoissance, Non-obstant aussi tous autres Edicts, Reglemens & Lettres à ce contraires, Ausquelles & aux derogatoires des derogatoires y contenues, Nous auons derogé & derogeons par ces presentes. Car tel est nostre plaisir. Et afin que ce soit chose ferme & stable à tousiours, nous auons à icelles faict mettre & apposer nostre Scel, sauf en autre chose nostre droict & l'autruy en toutes. Donné à Bergerac au mois de Iuillet, l'an de grace mil six cens vingt-vn, & de nostre regne le douziesme.

Signé,   LOVIS:

Et à costé visa, & plus bas, Par le Roy, POTIER. Et scellé du grand Scel en cire verte, & en lacs de soye rouge & verte.

Regiſtré és Regiſtres de la Cour des Aydes en Normandie, pour auoir lieu ſuiuant l'Arreſt de ladite Cour de ce iourd'huy vingt-quatrieſme Ianuier mil ſix cens vingt-deux.

Signé, FOVBERT.

Extraict des Regiſtres de la Cour des Aydes en Normandie.

V EV par la Cour les Lettres patentes en forme d'Edict donnees à Bergerac au mois de Iuillet mil ſix cens vingt-vn, Par leſquelles, pour les cauſes & conſiderations y contenues, ſa Majeſté conformément à l'Arreſt de ſon Conſeil d'Eſtat, du troiſieſme iour de Mars audit an, deſirant regler les droicts de

quittances des Receueurs des Tailles des
Generalitez de Roüen & Caën, Ordonne
que lesdits Receueurs iouyront à l'aduenir
pour tout droict de quittance de deux sols
six deniers par quartier pour le principal
de la Taille ; Taillon & autres Creuës y
joinctes : de pareille somme de deux sols six
deniers pour droict de quittance de la grande Creuë, & autres creuës y comprin-
ses, qui seroit cinq sols par quartier, &
vingt sols par an pour chaque Paroisse.
Et pour le regard des leuees extraordinaires qui peuuent suruenir durant l'annee,
& qui se feront par commissions separees,
iouyront aussi de dix deniers par quartier
pour tout droict de quittance. Et à ce que
desormais lesdits droicts de quittance se
perçoiuent sans que les Collecteurs desdites Tailles en soient chargez, Ledit Sei-
gneur veut que distraction soit faicte des
quatre deniers sur les douze deniers pour

liure, restans ausdits Collecteurs pour tout droict de collection, suiuant ledit Arrest du troisiesme Mars : Lesquels sadite Majesté par sondit Edict, attribue, vnit & incorpore aux charges de Garde des petits Sceaux des Eslections desdites Generalitez. Pour iceux d'oresnauant & à tousiours prendre sur tous les deniers qui s'imposeront & leueront pour lesdites Tailles, Taillon, Creuës y ioinctes, & autres leuees extraordinaires, pour quelque cause & occasion que ce soit ; sur ses subiets contribuables aux Tailles des Paroisses. des Eslections desdites Generalitez, pour leur estre lesdits quatre deniers payez par les Collecteurs des Tailles de quartier en quartier : ainsi & en la mesme forme que lesdits Collecteurs leur payent les quatre deniers pour liure, à eux cy deuant attribuez par Edict du mois de May mil six cens dixhuict. Lesquels Collecteurs à ce moyen

ne iouyront à l'aduenir que de huict deniers pour liure, ainsi que font les Collecteurs des Paroisses des Eslections du res-
sort desdites Cours des Aydes de Paris &
Montferrand : A la charge par lesdits
Garde des petits Seaux ou autres qui ac-
querront à leur refus ladite nouuelle attribution de quatre deniers pour liure, de
payer ausdits Receueurs des Tailles leurdit
droict de quittance, suiuant qu'il est cy des-
sus declaré, & lesquels quatre deniers de
nouuelle attribution, seront assis & cueil-
lis ainsi que les autres. Et afin que sadite
Maiesté puisse tirer promptement le se-
cours qu'elle espere de ladite nouuelle attribution, Veut que lesdits Gardes des petits
Sceaux des Eslections desdites Generalitez de Roüen & Caen, soient tenus de
payer chacun dans vn mois apres la signification qui leur sera faite, à personne,
domicile, Commis ou Fermier dudit droict,

és mains du Treforier des parties Cafuelles,
les fommes aufquelles ils ferõt raifonnable-
ment taxez en fondit Confeil, pour iouyr
de ladite nouuelle attribution de quatre deniers pour liure : & à faute de ce faire dans
ledit temps, Veut fadite Maiefté qu'ils en
foient decheus, & fans autre fignification,
foit procedé à la reuente defdites charges de
Garde Seels, par les Commiffaires qui feront à ce deputez pour iouyr par les acquereurs defdits offices, leurs fucceffeurs, &
ayans caufe hereditairement, tant des anciens gaiges, droicts de quatre deniers, reuenus & efmolumens, & priuileges y ap-
partenans & attribuez & confirmez par
ledit Edict du mois de May mil fix cens
dix-huict, que defdits quatre deniers pour
liure fur tout ce qui s'impofe & impofera
cy apres, en vertu defdites Lettres & pre-
cedantes, fans y pouuoir eftre troublez ny
empefchez, en quelque forte & maniere

que

que ce soit, ny lesdits acquereurs, leurs
hoirs, & ayans cause, depossedez qu'en les
remboursant comptant à vn payement des
deniers qu'ils en auront payez, pour l'ac-
quisition desdites charges de Garde Seels,
y compris lesdites attributions, suiuant les
contracts qui leur en seront faits & passez
par lesdits Commissaires: ensemble de leurs
fraiz & loyaux cousts. Sans aussi que les
anciens acquereurs desdits offices de Garde
Seels, puissent estre depossedez qu'ils ne
soient remboursez des deniers actuellement
payez és coffres de sadite Maiesté, comme
plus au long lesdites Lettres le contiennent.
Requeste presentee par le Procureur Ge-
neral du Roy, aux fins de la verification
& enregistrement dudit Edict. Autre requeste presentee par le Procureur Sindicq
des estats de ceste Prouince, à ce que pour
les causes y contenues, & veu que ledit
droict de quittance a esté reduit par la res-

ponse du cahier des Estats de l'ānee six cens
treize, article quatriesme, à deux sols six
deniers pour quartiers, Il pleust à la Cour
declarer ledit Edict contraire au seruice du
Roy & soulagement de son peuple. Et en
ce faisant, sans auoir égard à la distraction
faicte desdits quatre deniers, par les Tresoriers de France, en execution dudit Arrest
du troisiesme de Mars, ordonner que lesdits
Collecteurs iouyront entierement desdits
douze deniers de droict de collection, ex-
traict dudit quatriesme article: Les Ordonnances des Tresoriers Generaux desdites Generalitez, contenant la distraction
desdits quatre deniers, Et tout consideré:
LA Cour a ordonné & ordonne, que
lesdites Lettres en forme d'Edict, seront
registrees és Registres d'icelle pour auoir
lieu, & estre executees, par ce que lesdits
Receueurs ne pourront prendre par an
pour chacune Paroisse que vingt sols pour

leurs droits de quittances , tant des deniers du corps de la Taille, Taillon , grande Creüe , que toutes leuees de deniers extraordinaires , qui se feront par Commissions du Roy au courant de l'annee : Auf-
quels Receueurs, ladite Cour fait inhibitiõs
& defenses de prendre & exiger des Collecteurs defdites Tailles aucuns deniers
pour les quittances qu'ils leur deliureront, à
peine d'estre procedé contre eux , comme
concussionnaires : Et au surplus, qu'il sera
enformé par les Conseillers de ladite Cour
passans sur les lieux des exactions commi-
ses en la perception defdits droicts de quittance , au preiudice des Ordonnances de sa
Majesté, & declaration portee par les ref-
ponses du Cahier des estats de ladite Prouince, & que souz le bon plaisir de sadite
Maiesté, ledit Edict sera executé par les
Presidents & Conseillers d'icelle. Faict en

D   ij

ladite Cour des Aydes à Roüen, le vingt-
quatriefme iour de Ianuier mil fix cens
vingt-deux.

Signé,   FOVBERT.

Collationné aux originaux, par moy Confeiller,
Notaire & Secretaire du Roy.